LE SERGENT BELLE-HUMEUR.

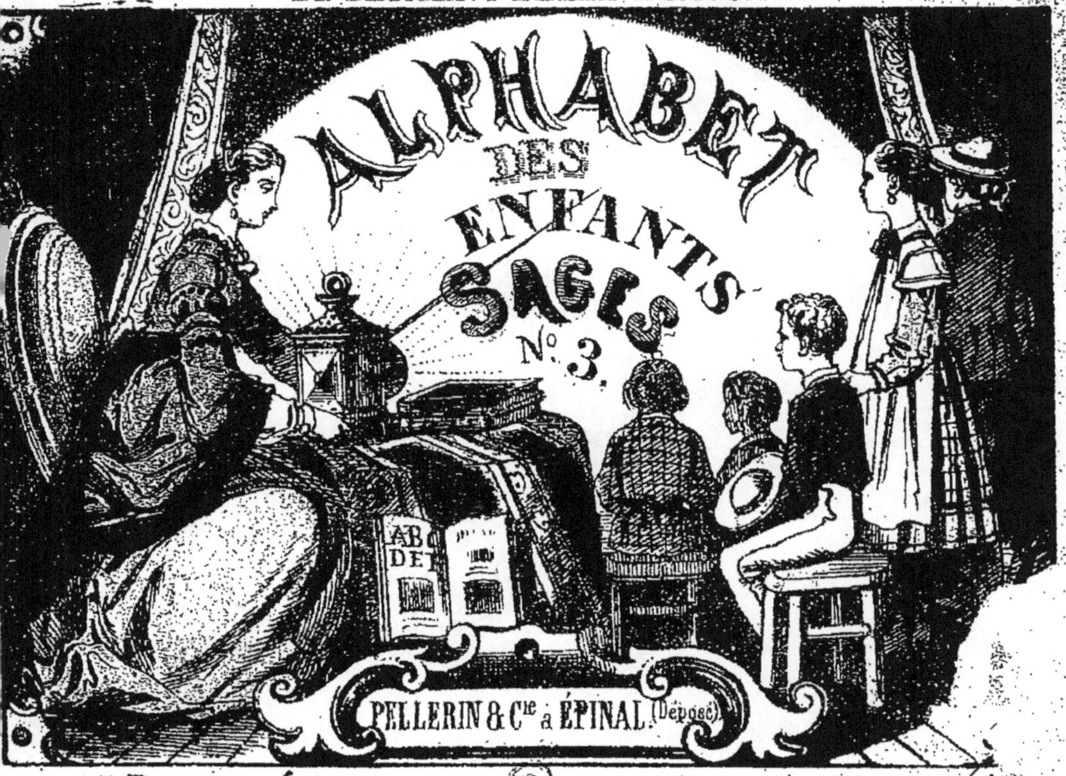

ALPHABET.

A B C D E F G H I
J K L M N O P Q R
S T U V X Y Z.
1 2 3 4 5 6 7 8 9 0.

ba	be	bi	bo	bu	ma	me	mi	mo	mu
ca	ce	ci	co	cu	na	ne	ni	no	nu
da	de	di	do	du	pa	pe	pi	po	pu
fa	fe	fi	fo	fu	ra	re	ri	ro	ru
ga	ge	gi	go	gu	sa	se	si	so	su
ha	he	hi	ho	hu	ta	te	ti	to	tu
ja	je	ji	jo	ju	va	ve	vi	vo	vu
ka	ke	ki	ko	ku	xa	xe	xi	xo	xu
la	le	li	lo	lu	za	ze	zi	zo	zu

LA CIGOGNE au long cou et au LONG BEC. ELLE FAIT SON nid au sommet des grands arbres, sur les rochers escarpés, ou sur les tours.

LE PETIT SAVOYARD
joueur de vielle.
UN PETIT SOU,
s'il vous plait?

Les enfants charitables sont
AIMÉS DE DIEU.

HUE, DA-DA— Voilà le petit Paul à cheval sur MÉDOR. Il est bien *gentil, Médor,* de se laisser monter ainsi.

LE LIÈVRE.

Voilà le pauvre **PETIT LIÈVRE**, qui tout tremblant s'arrête pour **ÉCOUTER LES CHIENS.** C'est un animal très-timide.

Jean, surnommé Belle-humeur, était né dans un village de Bretagne. — Comme il était très pauvre il gardait les vaches pour gagner sa vie.

Un garde française de passage dans son village ayant fait sa connaissance lui raconta les avantages de l'état militaire.

Enthousiasmé par les récits du soldat, Belle-humeur alla trouver un sergent qui lui signa son engagement, moyennant 200 francs, qu'il envoya à ses parents.

Au bout de trois mois Belle-humeur était déjà de première force à l'exercice.

 Dans ses loisirs, il allait quelquefois au bal champêtre avec des camarades, et nul plus que lui n'avait de grâce à la danse.

 Un de ses camarades qui en était jaloux, s'étant avisé de se moquer de sa tournure, Belle-humeur qui était peu endurant, lui donne une bonne leçon.

Un jour qu'il se promenait au bord de la rivière, il aperçoit un officier qui allait se noyer; il se jette à l'eau et a le bonheur de le ramener sain et sauf.

Cette belle action fut récompensée par un ordre du jour à la tête du régiment et le grade de caporal.

Belle-humeur en faisant sa ronde voit une sentinelle endormie. — Il prend sa place pour ne pas faire fusiller le pauvre soldat.

Justement des hulands s'étant approchés du camp pour le surprendre, Belle-humeur tue le chef et donne l'alarme.

A la bataille de Fontenoy, il se bat comme un lion, et se couvre de gloire en prenant un drapeau aux Anglais.

Le maréchal de Saxe se fait présenter le brave soldat, et le nomme sergent.

Belle-humeur ayant obtenu un congé part pour aller voir ses vieux parents et leur porter ses économies.

En arrivant dans son village, il ne se sent plus de joie, et court embrasser son vieux père et sa vieille mère qu'il n'a pas vus depuis plusieurs années.

Rappelé à son régiment, il fait avec lui la campagne des Pays-Bas et reçoit une blessure grave à la bataille de Lawfelt en 1717.

Enfin il entre aux invalides avec le grade d'officier honoraire et la croix de Saint-Louis.

www.ingramcontent.com/pod-product-compliance
Lightning Source LLC
Chambersburg PA
CBHW060602050426
42451CB00011B/2037